Diversidade e Ações Afirmativas: combatendo as desigualdades sociais

Diversidade e Ações Afirmativas: combatendo as desigualdades sociais

Shirley Aparecida de Miranda

1ª reimpressão

autêntica *amde*

Copyright © 2010 Programa de Educação para a Diversidade – ProEx/UFOP

COORDENADORA DA SÉRIE CADERNOS DA DIVERSIDADE
Keila Deslandes

CONSELHO EDITORIAL
Adriano Nascimento – UFMG
Carla Cabral – UFRN
Érika Lourenço – UFMG
Keila Deslandes – UFOP
Mônica Rahme – PUC-Minas
Richard Miskolci – UFSCar

PROJETO GRÁFICO
Tales Leon de Marco

EDITORAÇÃO ELETRÔNICA, REVISÃO E PRODUÇÃO GRÁFICA
Autêntica Editora

Dados Internacionais de Catalogação na Publicação (CIP)
(Câmara Brasileira do Livro, SP, Brasil)

Miranda, Shirley Aparecida de
  Diversidade e ações afirmativas : combatendo as desigualdades sociais / Shirley Aparecida de Miranda. -- 1. reimp -- Belo Horizonte : Autêntica Editora ; Ouro Preto, MG : UFOP, 2024. -- (Série Cadernos da Diversidade)

  Bibliografia.
  ISBN 978-85-7526-491-1

  1. Desigualdades sociais 2. Discriminação na educação 3. Diversidade cultural 4. Educação 5. Movimentos sociais 6. Multiculturalismo 7. Política educacional I. Título. II. Série.

10-07830   CDD-370.1934

Índices para catálogo sistemático:
1. Desigualdades sociais : Educação e diversidade cultural : Sociologia educacional : Educação

GRUPO AUTÊNTICA

Belo Horizonte
Rua Carlos Turner, 420
Silveira . 31140-520
Belo Horizonte . MG
Tel.: (55 31) 3465-4500

São Paulo
Av. Paulista, 2.073,
Horsa I Sala 309 . Bela Vista
01311-940 . São Paulo . SP
Tel.: (55 11) 3034-4468

www.grupoautentica.com.br
SAC: atendimentoleitor@grupoautentica.com.br

Sumário

Introdução.. 7

Capítulo 1
A ação dos movimentos sociais na ampliação dos direitos e no reconhecimento das diferenças.. 9

Capítulo 2
Ações afirmativas: o direito à diferença....................17

Capítulo 3
Políticas de ações afirmativas na educação..............35

Referências...43

Introdução

Diversidade, diferença, desigualdade. Quando observamos o quadro social, pode parecer que essas três palavras são sinônimas. Os processos de desigualdade social atingem diferenciadamente negros, indígenas e brancos; homens mulheres e homossexuais; pessoas com deficiência; trabalhadores e trabalhadoras da cidade e do campo. A diferença está a tal ponto naturalizada que não se apresenta como diversidade: a diferença é justificativa para a desigualdade socialmente produzida e sustentada.

Esse *jogo das diferenças*,[1] para utilizar uma expressão de estudiosos do multiculturalismo, atravessa todas as instituições sociais, inclusive a escola. A reprodução de preconceitos pode ser observada em materiais didáticos e na forma como retratam ou invisibilizam determinados grupos sociais. O preconceito pode ainda se tornar discriminação na escola, nos critérios utilizados por educadores e educadoras para definir quem participa de que atividade. Ainda existem atividades de meninos e atividades de meninas? Ainda permanecem os agrupamentos de crianças "defasadas" nos quais encontramos majoritariamente meninos negros? Ainda se acredita que as crianças do campo (ou da roça) têm mais dificuldade de aprender? Por fim, a discriminação pode resultar em exclusão. É o que observamos quando interrogamos quem tem sucesso na escola, quem passa pelo caminho que leva ao ensino superior.

Como os movimentos sociais interferem nesse jogo? Essa é a questão central deste Caderno. A ampliação dos limites

---

[1] Jogo das diferenças é a expressão título da publicação de GONÇALVES, Luiz Alberto Oliveira e SILVA, Petronilha Beatriz Gonçalves. *O jogo das diferenças: o multiculturalismo e seus contextos*. Belo Horizonte, Autêntica, 1998. Uma discussão das ideias desses autores será apresentada na conclusão do capítulo 1 desse Caderno.

dos direitos sociais se estabelece a partir do reconhecimento de demandas que emergem na ação dos movimentos sociais. Portanto, a luta desses movimentos confere visibilidade aos processos de preconceito e discriminação, que resultam em desigualdades. Dito de outra forma: os movimentos sociais abalam a estabilidade da diferença transposta em preconceito e apresentam uma nova chave de análise, a *diversidade*.

O capítulo 1 trata especificamente do que se configurou como novos movimentos sociais. Discutiremos como, ao adotar como estratégia a política de identidades, esses movimentos trabalham pelo reconhecimento da diferença e explicitam as modalidades de opressão, preconceito e discriminação.

De que forma a diferença é transposta em desigualdade? Essa questão será abordada no capítulo 2. A partir de indicadores sociais sistematizados por institutos de pesquisa, como o Instituto Brasileiro de Geografia e Estatística (IBGE) e o Instituto de Pesquisa Econômica Aplicada (IPEA), discutiremos a situação de grupos sociais específicos. Nesse mesmo capítulo apresentaremos a estratégia política defendida por movimentos sociais para a superação desse quadro: as ações afirmativas.

De que forma essa dinâmica se entrelaça com a instituição escolar? Essa é a interrogação do capítulo 3, no qual discutiremos duas proposições de políticas educacionais que incorporam a diversidade: a educação do campo e a escola intercultural diferenciada.

Este Caderno tomou como interlocutores ocultos os educadores e as educadoras da educação básica, que se deparam com a diferença cotidianamente. Há muito já superamos a noção de que existe um aluno-modelo, um tipo ideal adequado à aprendizagem. Sabemos que crianças, adolescentes e jovens carregam uma bagagem sociocultural. As reflexões aqui contidas e as sugestões de debates e leituras podem nos ajudar a dialogar com essas diferenças e captar a riqueza da diversidade – em seus matizes e tons às vezes conflituosos.

Bom trabalho!

Shirley Aparecida de Miranda

CAPÍTULO 1
A ação dos movimentos sociais na ampliação dos direitos e no reconhecimento das diferenças

Resumo

Este capítulo discute a emergência dos chamados "novos movimentos sociais" no Brasil. Desse ponto de vista apresenta os conceitos de cidadania e "política de identidade" como estratégia da ação dos movimentos sociais. Demonstra que as lutas dos movimentos sociais pelo reconhecimento da diferença explicitaram as modalidades de opressão, preconceito e discriminação e a forma como afetam os diferentes grupos sociais.

Democracia, movimentos sociais e cidadania

Desde seus primórdios, a invenção democrática assumiu como condição de sua existência a instauração do espaço público de expressão do poder, com a configuração de instituições e práticas de participação. Ao longo do processo histórico, a consolidação da democracia demonstrou-se insuficiente para a realização da igualdade e da liberdade apregoadas. A política persiste como o campo do conflito no qual os princípios da igualdade e da liberdade permanecem como abstrações que deslocam fronteiras sem se realizar plenamente. Os movimentos sociais integram esse campo.

No Brasil, no contexto da década de 1980, a luta pela ampliação da participação política abriu espaço para a demanda por relações igualitárias e pelo direito à diferença. Através de uma nova prática coletiva, os movimentos sociais demonstraram que é no interior da sociedade que a política se faz, e quebraram a representação que via no Estado o início, o meio e o fim da política.

O trabalho de Eder Sader (1988) tornou-se um clássico[2] nesse campo de análise por deslocar o foco tradicional de análise sobre os movimentos sociais. Discutindo a estrutura dos movimentos sociais emergentes a partir do final dos anos de 1970, Eder Sader postulou a expressão "novos movimentos sociais". Ao contrário dos movimentos sociais tradicionais, marcados pela ação de partidos políticos ou pela tutela do Estado, os novos movimentos sociais pautaram-se pela revalorização de práticas presentes no cotidiano e questionavam as modalidades dominantes de representação.

A caracterização formulada por Sader indica os "novos personagens" que emergiram no cenário político brasileiro:

> Era o novo sindicalismo, que se pretendeu independente do Estado e dos partidos; eram os novos movimentos de bairro, que se constituíram num processo de auto-organização, reivindicando direitos e não trocando favores como os do passado; era o surgimentos de uma "nova sociabilidade" em associações comunitárias onde a solidariedade e a auto-ajuda se contrapunham aos valores da sociedade inclusiva; eram os "novos movimentos sociais", que politizavam espaços antes silenciados na esfera pública (SADER, 1988, p. 45).

As análises sobre a ascendência dos novos movimentos sociais no Brasil no contexto dos anos 1980 indicam sua capacidade de desencadear ressignificações nas relações sociais do País. Assinalam que grupos chamados "minoritários" reconheciam sua posição de subalternidade e elaboravam mecanismos de contraposição a essa situação. As lutas contínuas contra projetos dominantes expandiram as fronteiras da política institucional e denotaram a construção da democracia como processo descontínuo no qual se redefiniram as noções convencionais de cidadania e participação.

Sobre esse aspecto, Miguel Arroyo (1997, p. 25) afirma:

> Os setores populares submetidos à rotina da reprodução da sobrevivência, fechados por décadas nesse estreito círculo

---

[2] A expressão "clássico" diz respeito a formulações que são constantemente retomados por outros autores, seja para reforça-la ou para refuta-la.

das necessidades mais prementes, submetidos a um estilo de política clientelística, esses setores vão crescendo como membros de grupos, se associam, reivindicam, discutem politicamente suas condições de vida e buscam canais de representação na condução dos serviços e espaços públicos. Vão redefinindo a política clientelística. Pressionam por uma política de cidadania.

Por isso, no que se refere à cidadania, destaca-se o caráter de "estratégia política", expressão e resultado de "um conjunto de interesses, desejos e aspirações de uma parte significativa da sociedade", como indica Evelina Dagnino (1994, p. 103). A autora sublinha a existência de duas dimensões que interagem na emergência dessa noção de "nova cidadania": em primeiro lugar, sua derivação e relação estreita com a experiência concreta dos movimentos sociais; em segundo lugar, a ênfase na revisão e redefinição do espaço da democracia. Nessa conjugação estabelecida pelos movimentos sociais, a passagem do reconhecimento da carência para a formulação da reivindicação é mediada pela afirmação de um direito, traduzindo a agenda de debates em políticas públicas. Disso resulta que os interesses da sociedade civil não foram apenas representados, mas remodelados.

As políticas de destituição de direitos desencadeadas nos anos 1990, juntamente com os efeitos perversos da reestruturação produtiva, agravada pela tradição excludente de nosso país, levam à indagação acerca do legado da ação dos movimentos sociais constituídos nos anos 1980. Afinal, não há como negar o aprofundamento do quadro de exclusão social que marcou o início do século XXI. Diante desse fato, poderíamos negar as conquistas democráticas?

Sobre esse aspecto, Paoli e Telles (2000) argumentam que a avaliação do alcance das lutas empreendidas pelos movimentos sociais não deve se restringir ao atendimento de demandas; precisa considerar os discursos e práticas desestabilizados. Consideram que no contexto contemporâneo os movimentos sociais não adotam a mesma estrutura e modo de funcionamento que se verificou nas décadas anteriores. Contudo, não atribuem a isso um recuo ou desgaste das formas participativas. Entendem que novos modos de participação estão a se construir. Enfatizando o enraizamento da cidadania nas malhas da sociabilidade cotidiana, as autoras concluem que a sedimentação das formas atuais de exclusão social "estão a depender de um espaço de conflitos já públicos, mais que de padrões autoritários" (PAOLI; TELLES, 2000, p. 105). Ou seja, é preciso considerar que a dinâmica da sociedade passou por transformações de modo a obstaculizar o retorno às formas de clientelismo, tutela e autoritarismo.

Movimentos sociais e política de identidade

Outras análises indicam que a novidade trazida pelos movimentos sociais em sua ação cidadã é apresentar a *diferença* entendida como o reconhecimento das múltiplas formas de manifestar gênero, sexualidade, raça, etc. De acordo com Stuart Hall (1998), cada movimento invoca a identidade social de seus sustentadores. Isso constitui o surgimento do que veio a ser conhecido como a *política de identidade*. Essa forma política confere visibilidade às várias modalidades de opressão explicitando como afetam os diferentes grupos. Nessa perspectiva os movimentos sociais podem ser interpretados para além de um apelo reivindicativo. Os estudos sobre movimentos sociais pautados por políticas de identidade reconhecem que, "além de exigirem acesso a direitos iguais, aqueles movimentos – negros, feministas, de índios (*sic*), homossexuais e outros – apontavam a necessidade de se produzir imagens e significados novos e próprios, combatendo a inferiorização" (GONÇALVES; SILVA, 2003, p. 116). A partir da afirmação de uma diferença específica e, consequentemente, da contraposição a um sujeito genérico, esses movimentos sociais conquistaram o direito de se autorrepresentar. Desencadearam ressignificações nas relações sociais que desnaturalizam as desigualdades sociais e culturais.

É importante notar que as chamadas "minorias" referem-se a grupos que podem ser numericamente majoritários. Os dados de 2007 do IBGE contabilizam que 49,4% da população brasileira compunham-se de pessoas declaradas brancas, 7,4% negras, 42,3% pardas e 0,8% indígenas. Não é o caso aqui de discutir a metodologia da autodeclaração na aferição do critério cor, num país sob a égide do racismo cordial. Cabe apenas ressaltar que a população brasileira não se reconhece como majoritariamente branca. Do mesmo modo, os dados indicam que na população brasileira existem mais mulheres (97.195 milhões) do que homens (92.625 milhões).[3] Sendo assim, por que a denominação minorias é utilizada para designar essas identidades? De acordo com Gonçalves e Silva (2003, p. 111), essa designação indica os grupos em situação de minoria no que se refere ao poder e à influência nas decisões políticas, embora esses grupos sejam a maioria numérica da população. A própria denominação já denuncia a desvantagem social.

Ao questionar sua desvantagem de poder político e denunciar as formas de preconceito, racismo, discriminação e tutela, os movimentos sociais pautados pela política de identidade apontam que as bases da política – universalidade, igualdade, direitos – foram construídas mediante silenciamentos e exclusões raciais, étnicas e de gênero. Esse processo desestabiliza propriedades identitárias naturalizadas, tais como aqueles que definem a mulher como naturalmente dócil, delicada, frágil e maternal. Assim, a identidade desloca-se de atributos universais fixos para a construção obtida por processos estruturais de diferenciação, desafiando assim as normas reguladoras da sociedade.

Curiosidade

Gomes (1995) nos ajuda a diferenciar e compreender preconceito, discriminação e racismo. A autora retoma James Jones para nos lembrar que preconceito "é o julgamento negativo e prévio dos membros de uma

---

[3] Os dados do IBGE foram extraídos de <http://www.ibge.gov.br/home>, conforme os Indicadores Sociais/Síntese dos indicadores 2008. Acesso em: 16 set. 2009.

raça, uma religião ou um dos ocupantes de qualquer outro papel social significativo e mantido apesar de fatos que o contradizem." O preconceito inclui as relações entre pessoas e grupos humanos e a concepção que o indivíduo tem dos outros e de si mesmo. A autora lembra ainda que o preconceito não é inato, é uma atitude aprendida socialmente.

Poderíamos dizer que o racismo é a forma de preconceito que desencadeia atitudes de caráter negativo - estereótipos, interiorização, omissão dos fatos de sua história, visão distorcida de sua raça e de sua condição – e incide sobre um segmento racial específico, no caso brasileiro, a população negra e indígena.

Já a discriminação pode ser considerada a prática do racismo e do preconceito. É a adoção de práticas que provocam a dominação de determinados grupos sobre outros. Nesse caso, saímos do campo dos indivíduos, para observar o funcionamento das instituições. Podemos citar como exemplos, os índices que demonstram que os homens brancos estão em situação mais vantajosa no mercado de trabalho; ou de que os homens negros estão em situação mais desvantajosa no que diz respeito a escolarização; ou a baixa representação de mulheres em função de poder, tanto no emprego quanto na política. Nesses casos, podemos observar como o preconceito se transforma em dificuldade de acesso, em negação de direitos.

Podemos concluir que os movimentos sociais contemporâneos, ao adotar como estratégia a política de identidade, expressaram um caráter bidimensional da justiça: a redistribuição das riquezas e o reconhecimento das diferenças.

Curiosidade

Quando falamos em redemocratização do Brasil, estamos nos referindo ao período posterior à ditadura militar, que teve início com o Golpe Militar de 1964. Para entender um pouco desse contexto, visite a exposição virtual Anistia 30 anos – Por

verdade e justiça, no sítio da Fundação Perseu Abramo. O endereço é <http://www2.fpa.org.br/portal>. Composta por fotos, cartas, desenhos e depoimentos do acervo do Centro de Memória Sérgio Buarque de Holanda, a exposição percorre os diferentes momentos políticos e a mobilização da sociedade no enfrentamento das arbitrariedades cometidas pelos detentores do poder, recordando episódios-chave da caminhada pela democracia e pela justiça, ontem e hoje.

Arquivo do professor

Um exercício para percebermos como discursos tentam definir identidades é fazer um levantamento de adágios, ditados e piadas sobre grupos chamados minorias – mulheres, gays, lésbicas, negros(as), indígenas, população do campo... Tente fazer esse exercício em grupo.

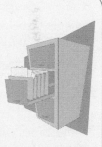

- Leia especialmente este artigo: GONÇALVES, L. A. O.; SILVA, P. B. G. Multiculturalismo e educação: do protesto de rua a propostas e políticas. *Revista Educação e Pesquisa*, jan./jul. 2003, v. 29/01.
- O artigo retoma um livro dos autores escrito em 1998. Segundo os autores, o livro foi desencadeado por uma posição crítica em relação aos Parâmetros Curriculares Nacionais, sobretudo o tema intitulado Pluralidade Cultural. Qual é a crítica que fizeram aos Parâmetros Curriculares?
- Destaque a definição de multiculturalismo trabalhada no artigo.
- Como os autores entendem o papel político e a importância contextual do multiculturalismo?
- Como caracterizam as sociedades nas quais o multiculturalismo floresceu?
- Que análise apresentam da ação do Estado brasileiro em relação à ação afirmativa?

- Quais são os dilemas apontados pelos autores no reconhecimento à diferença nas sociedades multiculturais?
- Como os autores caracterizam "política de identidade"?
- Que análise apresentam sobre a relação multiculturalismo e educação?

Para saber mais
- No Portal Capes (<www.capes.gov.br>) você terá acesso aos *Periódicos Capes*. Procure a Revista *Educação e Pesquisa*, jan./jul. 2003, v. 29/01. Esse número traz a sessão *Em foco: desigualdades raciais na escola*. Todos os textos são importantes para a nossa discussão.
- Para entender a referência de Miguel Arroyo à "política clientelística" consulte: CHAUÍ, Marilena. *Brasil: mito fundador e sociedade autoritária*. São Paulo: Perseu Abramo, 2000.

CAPÍTULO 2

Ações afirmativas: o direito à diferença

Resumo

No capítulo anterior demonstramos que os movimentos sociais denunciam a transformação das diferenças – de classe, gênero, raça, etnia, orientação sexual – em desigualdades de direitos. Neste capítulo, vamos abordar tanto alguns dados de pesquisa que revelam desigualdades sociais no Brasil quanto as políticas que visam combater essas desigualdades. Trataremos das políticas de ação afirmativa. No primeiro tópico, definiremos a discriminação ilícita e apresentaremos os indicadores que demonstram como a diferença pode ser transposta em desigualdade. Apresentaremos ainda uma discussão sobre as políticas de ação afirmativa no campo dos direitos. Por fim, trabalharemos com algumas definições de ações afirmativas.

Discriminação ilícita e desigualdades sociais: alguns indicadores

A discriminação ilícita, como nos lembra CRUZ (2009, p. 29), é uma conduta humana (ação ou omissão) que viola os direitos das pessoas com base em critérios injustificados e injustos, tais como a raça, o sexo, a opção religiosa e outros. Esses critérios injustificados são, de maneira geral, fruto de um preconceito.

Quando tratamos das desigualdades sociais, estamos diante do resultado de processos de discriminação ilícita. A análise do presidente do Instituto de Pesquisas Econômicas Aplicadas (IPEA), Ricardo Henriques, na apresentação da publicação intitulada *Retrato das desigualdades de gênero e raça* é explícita a esse respeito:

> O Brasil é um país marcado por desigualdades: sociais, econômicas, regionais, etárias, educacionais. Transversalmente a estas, permeando e potencializando os seus mecanismos de exclusão, estão as desigualdades de gênero e de raça. A pregnância do legado cultural escravocrata e patriarcal é, ainda, de tal forma profunda que, persistentemente, homens e mulheres, brancos e negros continuam a ser tratados desigualmente. Um e outro grupo têm oportunidades desiguais e acesso assimétrico aos serviços públicos, aos postos de trabalho, às instâncias de poder e decisão e às riquezas de nosso país (BRASIL. IPEA, 2008, p. 13).

Um dos indicadores que expressa desigualdades educacionais refere-se à médiao númeroa de anos de estudo da população. Os dados do IPEA revelam que, no período de 1992 a 2007, o crescimento da média de anos de estudo da população brasileira foi baixo: em 1992 a média era de 5,2% e passou a 7,4% em 2008. Ou seja, em 16 anos a média de anos de estudo da população aumentou em apenas 2,2% e permanece abaixo da média obrigatória garantida pela Constituição Federal (CF88), que é de oito anos.

Curiosidade

Os dados sobre a média de anos de estudo da população foram divulgados pelo IPEA no Comunicado da Presidência nº 32 - PNAD 2008: Primeiras Análises - Educação, Gênero e Migração. A base de elaboração das análises do IPEA foi a Pesquisa Nacional por Amostra de Domicílios (PNAD), desenvolvida anualmente pelo Instituto Brasileiro de Geografia e Estatística. Essa pesquisa visa atualizar os dados do censo, que é realizado decenalmente. De posse dos dados da PNAD o IPEA realiza combinações analíticas que demonstrar as necessidades de políticas públicas.

No caso do indicador referente à média de anos de estudo da população, a pesquisa considera que o percurso escolar no Brasil, sobretudo na escola pública, é marcado pela distorção idade/série. A pesquisa capta a última série cursada com aprovação e desconsidera os anos cursados com reprovação.

Entretanto, essa taxa não é a mesma quando se consideram as diferenças de gênero e raça, como podemos conferir no Graf. 1.

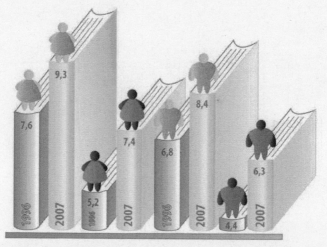

GRÁFICO 1 - Média de anos de estudo da população ocupada com 16 anos ou mais de idade, segundo sexo e cor/raça. Brasil, 1996 e 2007. Fonte: IPEA, 2008.

Nos indicadores educacionais as mulheres apresentam melhores condições do que os homens, assim como os negros estão sempre em significativa desvantagem quando comparados aos brancos.

Além das desigualdades de gênero e raça, as disparidades regionais e de localização (campo/cidade) ficam evidentes se observarmos a Tab. 1.

TABELA 1 – Média de anos de estudo da população de 15 anos ou mais de idade, por categorias selecionadas – 1992 a 2008

Categorias	1992	1993	1995	1996	1997	1998	1999	2001	2002	2003	2004	2005	2006	2007	2008
Brasil	5,2	5,3	5,5	5,7	5,7	5,9	6,1	6,3	6,5	6,7	6,8	6,9	7,1	7,3	7,4
Norte	5,4	5,3	5,5	5,6	5,7	5,8	6,1	6,3	6,5	6,6	6,2	6,5	6,7	6,8	7,0
Nordeste	3,8	4,0	4,1	4,3	4,3	4,5	4,6	4,9	5,1	5,3	5,5	5,6	5,8	6,0	6,2
Sudeste	5,8	6,0	6,2	6,3	6,4	6,6	6,7	7,1	7,2	7,4	7,5	7,6	7,8	7,9	8,1
Sul	5,6	5,7	5,9	6,1	6,1	6,3	6,5	6,7	6,9	7,2	7,3	7,4	7,5	7,6	7,8
Centro-Oeste	5,4	5,5	5,6	5,8	6,0	6,1	6,2	6,5	6,8	6,9	7,1	7,2	7,4	7,5	7,7
Localização															
Urbano Metropolitano	6,6	6,7	6,9	7,0	7,1	7,3	7,4	7,6	7,8	8,0	8,1	8,2	8,4	8,5	8,6
Urbano não metropolitano	5,4	5,4	5,6	5,8	5,9	6,0	6,2	6,4	6,6	6,8	6,9	7,0	7,2	7,3	7,5
Rural	2,6	2,8	2,9	3,1	3,1	3,3	3,4	3,4	3,6	3,8	4,0	4,1	4,3	4,5	4,6

Fonte: Microdados da PNAD (IBGE).
Elaboração: Disoc/Ipea.
Nota: A partir de 2004, a PNAD passa a contemplar a população rural de Rondônia, Acre, Amazonas, Roraima, Pará e Amapá.

Os dados reiteram as análises sobre a concentração das desigualdades sociais regionais apresentando a polarização entre Nordeste e Sudeste, única região que atingiu a meta de escolaridade obrigatória. Chama atenção também a situação da Região Norte. A partir de 2004, quando a população rural passa a ser considerada na PNAD, os indicadores dessa região, até então idênticos à média nacional, caem significativamente. Cabe ressaltar que a população rural da Região Norte é constituída majoritariamente por grupos indígenas. Na categoria localização, o diferencial chega próximo a menos 4 anos de estudo para a população rural em comparação com a população urbana/metropolitana, que atinge 8,6 anos de estudo.

É importante considerar que a universalização do acesso à escola é hoje uma realidade para a população de 7 a 14 anos. Em 1992 a taxa de frequência à escola era de 86,6% e passou a 97,9% em 2008. Esse progresso alcançado na oferta de vagas, no entanto, não supera alguns desafios: quem é a chamada "porcentagem residual" que não teve acesso à escola? Ao que parece, indígenas e populações do campo compõem essa cota. Além disso, entre os matriculados há os que progridem lentamente, repetem o ano e acabam abandonando os estudos. Isso pode ser constatado comparando-se os índices de frequência à escola com os dados relativos à média de anos de escolaridade.

Como nos lembra a análise apresentada no documento do IPEA (2008, p. 19), "a discriminação motivada por sexo e por pertencimento a um grupo racial encontra-se disseminada em diversos campos da vida social". Os impactos da discriminação sobre o sistema educacional incidem na reprodução de estereótipos ligados às convenções sociais de gênero e de raça, o que compromete a permanência de determinados grupos na escola. Se a escolarização é indicada como necessária à conquista de melhores oportunidades sociais, a baixa escolaridade reforça uma segmentação sexual e racial no mercado de trabalho.

Os níveis de desemprego por segmento de gênero e de raça demonstram que as mulheres estão em desvantagem se comparadas com a situação dos homens; nos dois segmentos, a população negra mantém-se em desvantagem.

GRÁFICO 2 - Taxa de desemprego da população de 16 anos ou mais de idade, segundo sexo e cor/raça. Brasil, 2007. Fonte: IPEA, 2008.

A mesma situação se reflete nas informações de rendimento médio da ocupação principal no mercado de trabalho. Segundo análise do IPEA (2008, p. 33), como consequência das desigualdades educacionais, da segregação de mulheres e negros em postos de trabalho de menor qualidade e do próprio fenômeno social da discriminação, os rendimentos de homens e de brancos tendem a ser mais elevados do que o de mulheres e negros. Com efeito, em 2007, enquanto as mulheres brancas ganhavam, em média, 62,3% do que ganhavam homens brancos, as mulheres negras ganhavam 67% do que recebiam os homens do mesmo grupo racial e apenas 34% do rendimento médio de homens brancos. A análise revela também que a desigualdade nos rendimentos existente entre brancos e negros é evidenciada quando se examina a distribuição da população por décimos de renda *per capita*. Em 2007, entre os 10% mais pobres da população, 67,9% eram negros; e esta proporção cai para 21,9% no grupo dos 10% mais ricos. Já no grupo do 1% mais rico da população, somente 15,3% eram de indivíduos negros. "Quanto mais caminhamos dos décimos mais pobres no sentido dos mais ricos, mais a distribuição fica embranquecida" (IPEA, 2008, p. 33).

Arquivo do professor

- Você já tinha se deparado com dados do tipo que apresentamos neste capítulo?
- Que outros indicadores sobre desigualdade social podemos considerar nessa análise e por quê?
- Você conhece políticas públicas que tentam incidir sobre esses problemas? Quais?

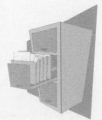

Para saber mais

Consulte a publicação abaixo, que pode ser acessada através do site <www.dominiopublico.gov.br>:

MUNANGA, K. (Org.). *Superando o racismo na escola*. Brasília: MEC/SECAD, 2005.

Essa obra traz diversos artigos que discutem formas de preconceito presentes no cotidiano escolar e apresentam propostas de superação do racismo nesse universo. As proposições discutidas valorizam a diversidade étnico-cultural em suas múltiplas manifestações. Nesse momento de pausa para a reflexão detenha-se, sobretudo, no texto de Antônio Olimpio Sant'Ana, "História e conceitos básicos sobre o racismo e seus derivados".

Políticas de ação afirmativa: o direito a diferença para a superação das desigualdades

A ideia de uma igualdade formal entre os seres humanos foi a base da Revolução Francesa (1789), cujo lema era "liberdade, igualdade, fraternidade". Entretanto, ao longo do processo sócio-histórico, as teorias políticas demonstraram-se insuficientes para a realização da igualdade e da liberdade que apregoavam. A política persiste como o campo do conflito no qual localizamos as dificuldades em estender a todos as premissas republicanas – liberdade, igualdade e direitos políticos.

Podemos considerar que a igualdade de direitos é uma abstração construída mediante exclusões raciais e de gênero. Basta citar a luta das mulheres para o reconhecimento civil e político que lhes garantia o direito de votar e de ocupar cargos de poder. Consideremos também a desumanização dos povos no processo de colonização desencadeado pela Europa no século XIV. Naquele momento, ocorreram debates acirrados nos meios político, acadêmico e científico para definir o reconhecimento das populações indígenas: poderiam ser considerados seres humanos? Teriam alma? A conclusão de que os povos indígenas poderiam ser considerados seres humanos desde que sua alma fosse libertada pela conversão religiosa foi o alicerce para a catequese, a destruição da cultura e da identidade; por fim, a dizimação das nações que resistiram ao domínio do colonizador.

No caso dos africanos, a situação foi mais grave: considerados como coisa, ou seja, inumanos, justificou-se a escravidão, o abuso, a morte. A história da humanidade carrega vários arquétipos que nos levam a considerar que, sob a igualdade abstrata, operou-se um processo de diferenciação que produziu o *mais e o menos humano*: homens e mulheres, colonizadores e colonizados, europeus e grupos étnicos; o *inumano*: populações africanas; e o *humanamente impensável*: homossexuais, pessoas com deficiência, pessoas acometidas por transtorno mental.

Ao adotarmos o prisma histórico, cabe realçar a *Declaração universal dos direitos humanos* (1948) como um dos marcos da tentativa de concretizar a noção de igualdade. Como ressalta Flávia Piovesan (2005, p. 45), a partir da *Declaração* desencadeou-se um processo de universalização dos direitos, que gerou a formação de um sistema internacional de proteção desses direitos. Esse sistema é integrado por tratados que "invocam o consenso internacional acerca de temas centrais dos direitos humanos, fixando parâmetros protetivos mínimos".

Vale citar a *Convenção contra a tortura*, que conta com 132 Estados-parte; a *Convenção sobre a eliminação de todas as formas de discriminação racial*, que conta com 167 Estados-parte; a *Convenção sobre a eliminação de todas as formas de discriminação contra a mulher*, que conta com 170 Estados-parte, e a *Convenção sobre os direitos da criança*, que apresenta ampla adesão, com 191 Estados-parte. Contudo, o cumprimento desses e de outros acordos entre os países fica a depender dos instrumentos da Organização das Nações Unidas (ONU), nem sempre eficazes em situações de conflito.

Conforme análise de Piovesan (2005, p. 46), a *Declaração universal de 1948* e as medidas dela decorrentes compõem uma primeira fase de proteção dos direitos humanos, "marcada pela tônica da proteção geral, que expressava o temor da diferença (que no nazismo havia orientado o extermínio) com base na igualdade formal".

Entretanto, essas medidas tornam-se insuficientes quando não especificam o sujeito de direito, reconhecendo particularidades e vulnerabilidades de uma condição social produzida historicamente. É nesse campo que se coloca o direito à diferença como condição de acesso à igualdade de direitos.

A esse respeito Boaventura Sousa Santos (2003) se expressa:

> [...] temos o direito a ser iguais quando a nossa diferença nos inferioriza; e temos o direito a ser diferentes quando a nossa igualdade nos descaracteriza. Daí a necessidade de uma igualdade que reconheça as diferenças e de uma diferença que não produza, alimente ou reproduza as desigualdades (SANTOS, 2003, p. 56).

Uma primeira forma de reconhecimento da diferença é a erradicação da discriminação ilícita. Nesse caso é preciso considerar a forma direta ou intencional de discriminação, ou seja, uma conduta da qual se depreende facilmente a intenção discriminatória, o dolo, a vontade de violar o direito de alguém.

No Brasil essa forma é extremamente comum e pode ser observada desde as piadas e os ditos populares que desqualificam até as formas de abordagem, tratamento e exclusão explícita ou velada. Integra esse conjunto uma lista imensa de atitudes, como as formas de abordagem policial a pessoas negras; a exigência de "boa aparência" como critério de acesso ao emprego a esconder a preferência por pessoas brancas;

a escolha das crianças que participarão dos números artísticos das festas escolares, em geral brancas; a estigmatização das pessoas.

A neutralidade e a indiferença do aparato estatal com as vítimas de discriminação resultam em outra forma de discriminação ilícita. Nesse caso, não se oferece um tratamento diferenciado em razão de peculiaridades étnicas, culturais e sociais, o que pode comprometer o acesso a direitos. Transcrevemos a descrição de Cruz (2009) sobre esse aspecto:

> Trabalhando, por quase 6 anos como Procurador Regional dos Direitos do Cidadão, podemos exemplificar esta forma de discriminação por meio de um caso concreto com o qual nos deparamos.
>
> Na distribuição de cestas básicas pelo programa federal "Comunidade Solidária", através de convênio entre a CONAB e a FUNAI, o Conselho Missionário Indigenista, organização não governamental da Igreja Católica, noticiou que a remessa do feijão para a tribo dos Maxacalis, situada na nordeste mineiro, causava mais mal do que bem. Isso porque, em razão de hábitos alimentares peculiares, esses índios não aceitavam o feijão na dieta alimentar e, ao invés de comê-lo ou plantá-lo, a mercadoria era empregada como meio de escambo por bebidas alcoólicas, alimentando um vício secular que aflige aquela população. Nossos apelos e recomendações, ao invés de surtirem efeito positivo, sensibilizando o Governo Federal, quase retiraram a referida comunidade indígena do programa, que, naquela ocasião, era a única alternativa de sobrevivência de um povo, circunscrito a pouco mais de 4.000 (quatro mil) hectares, numa região de seca constante (CRUZ, 2009, p. 32-33).

Esse fato evidencia os limites das políticas universalistas na garantia do direito de todos. Que costumes podem ser reconhecidos? Como garantir que as diferença culturais, como nesse caso, não resultem em formas de exclusão?

Outro fato pode corroborar a afirmação de que as políticas universalistas têm incidência limitada sobre determinados grupos. Os indicadores apresentados no item sobre "Políticas de ação afirmativa" revelam esse limite. A análise de Ricardo

Henriques (2001) nos chama atenção para a distância entre a escolarização de pessoas negras e de pessoas brancas, a despeito do incremento da tendência de universalização do acesso ao ensino.

> [...] a escolaridade média dos brancos e dos negros tem aumentado de forma contínua ao longo do século XX. Contudo, um jovem branco de 25 anos tem, em média, mais 2,3 anos de estudo que um jovem negro da mesma idade, e essa intensidade da discriminação racial é a mesma vivida pelos pais desses jovens – a mesma observada entre seus avós. [...] a escolaridade média de ambas as raças cresce ao longo do século, mas o padrão de discriminação racial, expresso pelo diferencial nos anos de escolaridade entre brancos e negros, mantém-se absolutamente estável entre as gerações. As curvas ali descritas [GRAF. 3] parecem construídas com intencional paralelismo, descrevendo, com requinte, a inércia do padrão de discriminação racial observado em nossa sociedade (HENRIQUES, 2001, p. 30).

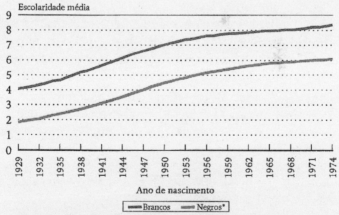

Fonte: Pesquisa Nacional por Amostra de Domicílios (PNAD) de 1999.
Nota: *A população negra é composta por pardos e pretos.

GRÁFICO 3 - Número médio de anos de estudo - evolução por coorte
Fonte: HENRIQUES, 2001, p. 30.

Nesse caso, é preciso considerar ainda que as maiores diferenças absolutas em favor dos brancos encontram-se nos segmentos mais avançados da educação formal. Em 2008, a taxa de frequência líquida no ensino médio entre os jovens brancos de 15 a 17 anos era de 61%; entre os jovens negros da mesma idade o índice era de 41,2% (IPEA, 2009). A realidade do ensino superior é desoladora. Em 2008 a taxa de frequência líquida ao ensino indicava a presença de 20,5% da população branca com idade de 18 a 24 anos, enquanto apenas 7,7% da população negra da mesma idade estava frequente (IPEA, 2009).

Se levarmos em conta a disparidade que persiste ao longo dos anos, como indica o GRAF. 3 e sua reprodução na situação escolar nos níveis mais elevados do ensino, como podemos reverter a situação historicamente desfavorável da população negra? Quanto tempo levará para que as medidas de universalização do ensino incidam sobre essas disparidades? Não estariam essas políticas reproduzindo as desigualdades? É esse o campo de discussão e intervenção das políticas de *ações afirmativas*.

A seguir destacamos várias definições sobre ações afirmativas. Confira:

- As ações afirmativas podem ser entendidas como medidas públicas e privadas, coercitivas ou voluntárias, implementadas na promoção/integração de indivíduos e grupos sociais tradicionalmente discriminados em função de sua origem, raça, sexo, opção sexual, idade, religião, patogenia física/psicológica.
- As ações afirmativas são, portanto, atos de discriminação lícitos e necessários à ação comunicativa da sociedade. Logo, não devem ser vistas como "esmolas" ou "clientelismo", mas como um elemento essencial à conformação do Estado Democrático de Direito. São, pois, uma exigência comum a países desenvolvidos como os Estados Unidos e a países subdesenvolvidos como o Brasil (Cruz, 2009, p. 63).
- Elas [as ações afirmativas] constituem medidas especiais e temporárias que, buscando remediar um passado discriminatório, objetivam acelerar o processo com o alcance da igualdade substantiva por parte de grupos vulneráveis, como as minorias étnicas e raciais e as mulheres, entre outros grupos (Piovesan, 2005, p. 49).
- As chamadas políticas de ação afirmativa são muito recentes na história da ideologia anti-racista. Nos países onde já foram

implantadas (Estados Unidos, Inglaterra, Canadá, Índia, Alemanha, Austrália, Nova Zelândia e Malásia, entre outros), elas visam oferecer aos grupos discriminados e excluídos um tratamento diferenciado para compensar as desvantagens devidas à sua situação de vítimas do racismo e de outras formas de discriminação. Daí as terminologias de "*equal opportunity policies*", ação afirmativa, ação positiva, discriminação positiva ou políticas compensatórias (MUNANGA, 2003, p. 117).

- As ações afirmativas constituem-se em políticas de combate ao racismo e à discriminação racial mediante a promoção ativa da igualdade de oportunidades para todos, criando meios para que as pessoas pertencentes a grupos socialmente discriminados possam competir em mesmas condições na sociedade. [...] Essas ações podem ser estabelecidas na educação, na saúde, no mercado de trabalho, nos cargos políticos, entre outros, enfim, nos setores onde a discriminação a ser superada se faz mais evidente e onde é constatado um quadro de desigualdade e de exclusão. A sua implementação carrega uma intenção explícita de mudança nas relações sociais, nos lugares ocupados pelos sujeitos que vivem processos de discriminação no interior da sociedade, na educação e na formação de quadros intelectuais e políticos. As ações afirmativas implicam, também, uma mudança de postura, de concepção e de estratégia (GOMES; MUNANGA, 2004, p. 186).
- Políticas de reparações e de reconhecimento formarão programas de ações afirmativas, isto é, conjuntos de ações políticas dirigidas à correção de desigualdades raciais e sociais, orientadas para a oferta de tratamento diferenciado com vistas a corrigir desvantagens e marginalização criadas e mantidas por estrutura social excludente e discriminatória (BRASIL, 2004, p. 12).

As diversas definições de ações afirmativas apontam duas características básicas: sua incidência sobre "grupos tradicionalmente discriminados", "vulneráveis" do ponto de vista do acesso a bens sociais, "vítimas do racismo e de outras formas de discriminação"; e o caráter de reparação, compensação, correção de processos que não se reverteriam sem o reconhecimento de uma história de dominação criada e mantida por uma estrutura social.

Quanto à forma, essas medidas se diversificam. Podem ser coercitivas, no sentido de se exercerem por determinação legal. É o caso da Lei n.º 10.224, de 15 de maio de 2001, que incorporou ao Código Penal o crime de assédio sexual, ou da Lei n.º 11.340, de 7 de agosto de 2006 (Lei Maria da Penha), que visa proteger as mulheres contra violência doméstica punindo o agressor.

As ações afirmativas promovem também a incorporação aos espaços nos quais esses grupos constituíram-se historicamente como minorias. É o caso da presença de pessoas negras na mídia, do acesso de mulheres a postos de poder, de pessoas negras e de indígenas ao ensino superior, de pessoas com deficiência ao trabalho. São as chamadas "cotas", que definem um quantitativo de vagas nesses espaços reservados a grupos determinados. As cotas são medidas polêmicas porque interferem imediatamente na distribuição de renda e poder, portanto incidem diretamente sobre a estrutura político-econômica.

É importante esclarecer que as ações afirmativas não se confundem exclusivamente com a política de cotas. Podemos classificar como ações afirmativas as medidas estatais e as medidas privadas voltadas para a integração socioeconômica dos grupos discriminados, mantendo sua identidade sociocultural. Por isso, na primeira definição, ressalta-se que as ações afirmativas não são atos de caridade nem de clientelismo. Estão pautadas pelo reconhecimento da identidade e o pertencimento cultural dos grupos sociais, o que significa partir das demandas que apresentam reconhecendo-as como direito.

A segunda definição aqui apresentada indica o caráter temporário das ações afirmativas. Ou seja, a intenção é que vigorem o tempo necessário para a efetivação da igualdade de condições. Isso significa considerar não só o acesso aos bens sociais, mas também a desconstrução das representações e das mentalidades que sustentam preconceitos e reforçam discriminações.

As ações afirmativas, sobretudo na forma de cotas, recebem críticas que se concentram na reiteração das políticas universalistas como forma de combater as disparidades. O limite dessa perspectiva é sua incapacidade de abalar a configuração estrutural que transpõe a diferença em desigualdade. Outra crítica perpetrada insere no debate a ideologia de mérito. Nesse caso, combatem-se as políticas de cotas argumentando-se que essa forma de acesso não considera a capacidade individual e que todos aqueles que possuem mérito auferem as conquistas almejadas. Essa argumentação conjuga duas falácias: (a) a reserva de vagas não abole as forma de concorrência pelas vagas (concursos, por exemplo); (b) a capacidade de um indivíduo não é um atributo biológico natural, e sua aquisição depende das condições sociais nas quais esse indivíduo se insere.

Arquivo do professor

Antes de prosseguir procure assistir ao filme indicado e discutir as duas questões propostas

Indicação de filme

Título: *Quanto vale ou é por quilo?*

Diretor: Sérgio Bianchi

Elenco: Ana Carbati, Cláudia Mell, Ana Lúcia Torre, Herson Capri, Caco Ciocler, Lena Roque, Miriam Pires, Leona Cavali, Joana Fonn, Marcelia Cartaxo, Lázaro Ramos, Zezé Mota.

Sinopse: *Quanto vale ou é por quilo?* Desenha um painel de duas épocas aparentemente distintas, mas, no fundo, semelhantes na manutenção de uma perversa dinâmica sócio-econômica, [socioeconômica] embalada pela corrupção impune, pela violência e pelas enormes diferenças sociais. No século XVIII, época da escravidão explícita, os capitães do mato caçavam negros para vendê-los aos senhores de terra com um único objetivo: o lucro. Nos dias atuais, o chamado Terceiro Setor explora a miséria, preenchendo a ausência dos estados em atividades assistenciais, que na verdade também são fonte de muito lucro. Com humor e um elenco poucas vezes reunido pelo cinema nacional, *Quanto vale ou é por quilo?* Mostra que o tempo passa e nada muda. O Brasil é um pais em permanente crise de valores (Fonte: Contracapa do DVD).

"O que vale é ter liberdade para consumir, essa é a verdadeira funcionalidade da democracia". Proferida pelo ator Lázaro Ramos – em *Quanto vale ou é por quilo?*, filme de Sérgio Bianchi – a frase traz uma entre as muitas questões apresentadas pelo cineasta paranaense, que são fundamentais para aqueles que desejam refletir mais seriamente sobre desigualdade, direitos e capitalismo na atualidade. (Marta Kanashiro)

1. Leia a resenha na íntegra acessando: <http//www.comciencia.br/resenhas>.

2. Antes de assistir ao filme, leia o conto de Machado de Assis, "*Pai contra mãe*", disponível no site <www.dominiopublico.gov.br>. O filme traz uma livre adaptação desse conto.

Debate 1
Considerem as definições de ações afirmativas aqui apresentadas e, sobretudo no aspecto ressaltado por Cruz (2009) – as ações afirmativas "não devem ser vistas como 'esmolas' ou 'clientelismo', mas como um elemento essencial à conformação do Estado Democrático de Direito". Com base nessas definições, analisem o filme *Quanto vale ou é por quilo?*.

Debate 2
Discutimos no tópico anterior algumas críticas às ações afirmativas. É importante assinalar que, sob o caráter polêmico das medidas políticas, assentam-se os preconceitos sedimentados em nossa sociedade. Nesse sentido, as conquistas derivadas das ações afirmativas não podem ser reconhecidas apenas em sua capacidade de gerar a mobilidade social. É preciso reconhecer os abalos que essas medidas provocam nas concepções socialmente produzidas em relação aos grupos entendidos como minorias.

É o caso da política de cotas raciais nas universidades: o extremado debate nos meios político e acadêmico acaba por revelar a dificuldade da sociedade brasileira em se admitir como racista e em perceber que esse não é um problema individual nem de determinadas instituições. Trata-se de um problema solidificado na estrutura social e que atravessa todas as instituições. Publicizar o debate sobre cotas raciais colaborou para revelar o racismo escondido.

Para saber mais

Para um aprimoramento doas questões colocadas no texto, sugerimos

- Leitura de dois manifestos sobre políticas de cotas raciais nas universidades públicas: um favorável e outro contrário. Ambos têm como signatários acadêmicos e integrantes de movimentos sociais. Esses manifestos estão disponíveis em meio virtual, em <www.folhaonline.com.br>, na edição de 04 jul. 2006 (Confira a íntegra dos manifestos contra e a favor das cotas).

- Consulta a sites de buscas artigos que discutem a temática. Consulte em especial: MUNANGA, Kabengele. Políticas de ação afirmativa em benefício da população negra no Brasil: um ponto de vista em defesa de cotas. Revista *Espaço Acadêmico*, ano II, n. 22, mar. 2003. Mensal. Disponível em: <http://www.espacoacademico.com.br/022/22cmunanga.htm>

CAPÍTULO 3
Políticas de ações afirmativas na educação

Resumo

No capítulo anterior abordamos a disparidade social como resultado da conversão da diferença em desigualdade. Analisamos as políticas de ação afirmativa como resposta a esse quadro. Neste capítulo discutiremos as formas de concretização de políticas de ação afirmativa na educação.

Concretizando Políticas Afirmativas

Para discutir as formas de concretização de políticas de ação afirmativa na educação, escolhemos dois protótipos: a educação indígena e a educação do campo. Cabe observar a forma como essas políticas se relacionam com a ação dos movimentos sociais. A partir da afirmação de uma diferença específica e, consequentemente, da contraposição a um sujeito genérico, os movimentos sociais conquistaram o direito de se autorrepresentar. Desencadearam ressignificações nas relações sociais instaurando o "direito a ter direitos" e desnaturalizando desigualdades sociais e culturais. Se tomarmos esse ângulo de análise, a política educacional não se configura nem se consubstancia na legislação. Seria preciso interrogar o contexto de lutas mais amplas que se entrelaçam com o direito à educação e as relações, sempre conflitivas, que se adensam a partir desse direito. Para esse campo de reflexões selecionamos a política de *escola intercultural diferenciada* – educação indígena – e a *política de educação do campo,* inseridas na institucionalidade das políticas educacionais.

> **Curiosidade**
>
>
>
> Existem políticas desse tipo na educação de pessoas com deficiência –Também são discutidas ações afirmativas na educação voltadas para a diversidade sexual e relações de gênero.
>
> Um marco importante nas políticas de ação afirmativa na educação é a Lei a Lei 10639/04 que dispõe sobre a obrigatoriedade do ensino de História da África e Cultura Afro-brasileira no ensino fundamental. Posteriormente Lei 10639/04 foi acrescida da Lei 11645/08 que introduz a História e Cultura dos Povos Indígenas. Essa última é uma das referências analisadas nesse capítulo.

Escola intercultural diferenciada

No caso da política de educação indígena,[4] a conquista da escola diferenciada é parte de um movimento de superação da autonegação identitária, instaurada por séculos de repressão colonial, que produziu o silenciamento e a negação de identidades por meio de diversos estratagemas, entre eles, a escolarização. Após o processo de dizimação, as relações entre os povos indígenas e o Estado constituíram-se fortemente marcadas pelo indigenismo governamental tutelar, cujo marco foi a criação da FUNAI em 1967. Esse cenário sofreu alterações a partir da ação de ONGs, pastorais e outras entidades ligadas aos movimentos sociais, que durante o final dos anos 1970 promoveram o encontro de povos indígenas de diferentes etnias.

Esse processo, denominado indigenismo não governamental, configurou uma agenda de lutas: terra, saúde, educação. Deriva desse período o fenômeno da *etnogênese*: populações dispersas e silenciadas passam a reclamar territorialidade. Deriva daí também o que lideranças indígenas caracterizam de movimento indígena: o conjunto de estratégias e ações que comunidades e organizações indígenas desenvolvem em defesa

---

[4] As considerações aqui apresentadas tomam por referência o trabalho de Luciano Gersem dos Santos (2006). ESTE AUTOR NÃO CONSTA EM "REFERÊNCIAS". FAVOR CONFERIR

de seus direitos. É desse processo que emerge uma nova fase de relação dos povos indígenas com o Estado, pautada pela tentativa de superação do princípio da tutela pelo Estado e que tem como marco a transferência de ações centralizadas na FUNAI – entre elas, a educação, que passa ao MEC.

É nesse âmbito que a escola indígena diferenciada ganha sentido. A escola assume o lugar de apropriação estratégica de uma instituição da sociedade "branca",[5] uma necessidade pós-contato. A escola é vista como necessária para promover o desenvolvimento social e político, desencadear novas alternativas de sobrevivência e reforçar a identidade étnico-cultural. Assim, mantêm-se as formas tradicionais de transmissão da cultura ao lado da inserção, no interior da cultura indígena, de um aparato que não nasceu de suas tradições.

A educação do campo

No caso da educação do campo, poderíamos iniciar a discussão interrogando: Por que educação do campo, e não educação rural? Essa distinção propõe o reconhecimento do campo como espaço de relações singulares e conflitivas e não como lugar do atraso ao desenvolvimento do País. O campo congrega o Movimento dos Sem-Terra (MST), movimentos sindicais de trabalhadores rurais, assalariados e da agricultura familiar, movimentos dos atingidos por barragem, indígenas, povos da floresta e do serrado, quilombolas, entre outros. O campo é diverso, e compreendê-lo exige superar análises reducionistas dessa diversidade. A legislação foi forçada a assumir a diversidade que compõe o campo no Brasil.

Seria possível às políticas incorporar o fazer e o pensar da diversidade dos povos do campo?

Para os movimentos sociais do campo, o território é mais do que o espaço geográfico. É um espaço político por excelência, um campo de ação e de poder onde se realizam determinadas relações sociais que caracterizam identidades e a permanência na

---

[5] A designação de brancos, para as populações indígenas, refere-se a todas as pessoas não índias, incluindo os afrodescendentes.

terra. Nesse sentido, "terra é mais do que terra", adágio formulado na ação do MST. É um conjunto de relações produtivas, culturais, modo de vida, projeto de desenvolvimento econômico, social, cultural e ambiental. É nesse âmbito que se insere a escola. Poderíamos dizer que, desse ponto de vista, escola é mais do que escola: é território de conhecimentos e projetos.

Aproximações entre escola diferenciada e educação do campo

Nesse sentido seria possível aproximar a educação indígena da educação do campo. Figurando no interior da legislação educacional, ambas produzem desestabilizações que interpelam a própria política, entre as quais podemos considerar a necessidade de formação de docentes para atuar nas escolas do campo ou escolas diferenciadas.

As experiências de implantação das escolas indígenas diferenciadas e escolas do campo resultam da luta por políticas públicas que garantam a universalização do direito à educação. Nesse caso, acesso e permanência impulsionaram experiências de formação de professores(as) indígenas e do campo caracterizados pela garantia de participação e autoria das populações indígenas e movimentos sociais do campo. As propostas de formação docente elaboradas pautam-se por uma análise conjuntural e estratégica da realidade dos territórios, que vai dos currículos à organização de espaços e tempos de formação.[6] Guardadas as especificidades de cada proposta, ambas têm como ponto de contato a origem em projetos alternativos gerados no âmbito de movimentos sociais e sua difusão "como paradigmas a serem testados em novos contextos, transformando muitas vezes em balizadores de políticas públicas" (LEITE, 2008, p. 40). Lembra-nos Miguel Arroyo (2007, p. 165) que idênticas pressões por cursos específicos de formação docente vêm de outros movimentos, como o Movimento Ne-

---

[6] Um estudo sobre as experiências de licenciatura para a formação de professores(as) indígenas e do campo na FAE/UFMG pode ser conferida em LEITE (2008) e ANTUNES (2008). Sobre políticas de formação de educadores(as) do campo consultar também ARROYO (2007).

gro, que formula proposições para tratar da história da África, da cultura e da memória dos afrodescendentes.

Outro polo desestabilizador a interpelar as políticas educacionais refere-se à organização singular da escola, por vezes em choque com as proposições do sistema de ensino. Em muitos casos as escolas não se organizam num espaço físico fixo dentro do território e podem até ser itinerantes. Além disso, os questionamentos às salas multiseriadas são superados pela composição de outras proposições, e não pela reedição da divisão de séries. Conforme destaca Arroyo (2004, p. 113), "as escolas do campo não são multiseriadas. São multiidades". Com essa formulação o autor se refere às temporalidades culturais identitárias que engendram as formas de organização de agrupamentos de estudantes. Parte-se da infância e da adolescência inseridas na produção da agricultura familiar, dos assentamentos, dos acampamentos, ou outros processos de produção para daí articular a organização dos tempos e espaços de aprender. A lógica temporal não é a cidade.

É importante ressaltar também que, na ação do movimento do campo e do movimento indígena, a política educacional não se reduz à escola. Articula-se com outras políticas. Ao que parece, a política educacional entrelaça-se com a conquista da terra, a produção e reprodução da existência e a reconfiguração de relações sociais para a emergência de um outro projeto de desenvolvimento. Por isso, asseveramos que as ações afirmativas não se esgotam nas medidas adotadas: seu caráter é a interferência na estrutura social.

Para saber mais

Para um aprimoramento das questões colocadas no texto, sugerimos:

- FANON, F. *Pele negra, máscaras brancas*. Tradução de Adriano Caldas. Rio de Janeiro: Fator, 1983
- GOMES, A. M. R. O processo de escolarização entre os Xakriabá: explorando

alternativas de análise na antropologia da educação. *Rev. Bras. Educ.*, Rio de Janeiro, v. 11, n. 32, ago. 2006. Disponível em: <http://www.scielo.br>.
- GOMES, N. L. Cultura negra e educação. *Rev. Bras. Educ.*, Rio de Janeiro, n. 23, ago. 2003. Disponível em: <http://www.scielo.br>.
- GOMES, N. L. Trajetórias escolares, corpo negro e cabelo crespo: reprodução de estereótipos ou ressignificação cultural? *Rev. Bras. Educ.*, Rio de Janeiro, n. 21, dez. 2002. Disponível em: <http://www.scielo.br>.
- PAES, M. H. R. "Cara ou coroa": uma provocação sobre educação para índios. *Rev. Bras. Educ.*, Rio de Janeiro, n. 23, ago. 2003. Disponível em: <http://www.scielo.br/scielo>
- SOUZA, M. A. A pesquisa sobre educação e o Movimento dos Trabalhadores Rurais Sem-Terra (MST) nos Programas de Pós-Graduação em Educação. *Rev. Bras. Educ.*, Rio de Janeiro, v. 12, n. 36, dez 2007. Disponível em: <http://www.scielo.br>.

Ainda:

No site <www.mec.gov.br> você pode acessar diversas publicações valiosas sobre a discussão da diferença e diversidade. Consulte no menu professores/diretores o campo publicações e dirija-se especialmente à Secretaria de Educação Continuada, Alfabetização e Diversidade (SECAD). Dentre os 31 volumes publicados, destacamos os seguintes:

- *Educação anti-racista: caminhos abertos pela Lei Federal nº 10.639/03*. Secretaria de Educação Continuada, Alfabetização e Diversidade. Brasília: MEC/SECAD, 2005. 236 p. (Coleção Educação para todos)
- SALES, A. S. (Org.). *Ações afirmativas e combate ao racismo nas Américas*. Brasília: MEC: UNESCO, 2005.
- ROMÃO, J. (Org.). *História da educação do negro e outras histórias*. Secretaria de Educação Continuada, Alfabetização e Diversidade. Brasília: MEC/SECAD. 2005

- GERSEM DOS SANTOS, L. *O índio brasileiro: o que você precisa saber sobre os povos indígenas no Brasil de hoje.* Brasília: MEC/SECAD; LACED/Museu Nacional, 2006.
- *Povos indígenas e a lei dos "brancos": o direito à diferença.* Araújo, A. V. *et al.* - Brasília: MEC/SECAD; LACED/Museu Nacional, 2006.

Referências

ALVAREZ, S. E.; DAGNINO, E; ESCOBAR, A. O cultural e o político nos movimentos sociais latino-americanos. In: ALVAREZ, S. E.; DAGNINO, E.; ESCOBAR, A. (Org.). *Cultura e política nos movimentos sociais latino-americanos: novas leituras*. Belo Horizonte: UFMG, 2000. p. 15-57.

ANTUNES, Maria Isabel. Licenciatura em educação do campo: desafios e possibilidades da formação para a docência nas escolas do campo. In: DINIZ, J. E.; PEREIRA, G. L. (Org.). *Quando a diversidade interroga a formação docente*. Belo Horizonte: Autêntica, 2008.

ARROYO, M. G. A educação básica e o movimento social do campo. In: ARROYO, Miguel G.; CALDART, R. S.; MOLINA, M. C. (Org.). *Por uma educação do campo*. Petrópolis, RJ: Vozes, 2004.

ARROYO, M. G. Políticas de formação de educadores(as) do campo. In: *Caderno Cedes*. Campinas, v. 27, 2007. p. 157-176.

ARROYO, M. G. O aprendizado do direito à cidade: Belo Horizonte – a construção da cultura pública. *Educação em Revista* n. 1, jul. 1995. p. 23-38.

BRASIL. IPEA. *PNAD 2008: primeiras análises; gênero, raça, migração*. Comunicado da Presidência n. 32, 2009. Disponível em <www.ipea.gov.br>. Acesso em: 8 out. 2009.

BRASIL. IPEA. *Retrato das desigualdades de gênero e raça* / Luana Pinheiro ... [et al.]. – 3. ed. Brasília: IPEA: SPM: UNIFEM, 2008. 36 p.

BRASIL. Ministério da Educação. Secretaria Especial de Políticas de Promoção da Igualdade Racial. *Diretrizes curriculares nacionais para a educação das relações étnico-raciais e para o ensino de história e cultura afro-brasileira e africana*. Brasília: MEC, 2004.

CHAUÍ, M. *Brasil: mito fundador e sociedade autoritária*. São Paulo: Perseu Abramo, 2000.

CRUZ, Álvaro Ricardo de Souza. *O direito à diferença: as ações afirmativas como mecanismos de inclusão social de mulheres, negros, homossexuais e pessoas portadoras de deficiência*. 3. ed. Belo Horizonte: Arraes, 2009.

DAGNINO, E. A transformação dos discursos e práticas na esquerda latino-americana. In: ALVAREZ, S. E.; DAGNINO, E.; ESCOBAR, A. (Org.). *Cultura e política nos movimentos sociais latino-americanos: novas leituras*. Belo Horizonte: UFMG, 2000. p. 61-102.

DAGNINO, E. Os movimentos sociais e a emergência de uma nova noção de cidadania. In: DAGNINO, E. (Org.). *Anos 90: política e sociedade no Brasil*. São Paulo, Brasiliense, 1994. 103-1115 p.

GERSEM DOS SANTOS, L. *O índio brasileiro: o que você precisa saber sobre os povos indígenas no Brasil de hoje*. Brasília: MEC/SECAD; LACED/Museu Nacional, 2006.

GOMES, N. L. *A mulher negra que vi de perto*. Belo Horizonte: Mazza, 1995.

GONÇALVES, L. A. O.; SILVA, P. B. G. *O jogo das diferenças: o multiculturalismo e seus contextos*. Belo Horizonte: Autêntica, 1998.

GONÇALVES, L. A. O.; SILVA, P. B. G.. Multiculturalismo e educação: do protesto de rua a propostas e políticas. *Revista Educação e Pesquisa* – jan./jul 2003, v. 29/01.

HALL, Stuart. *A identidade cultural na pós-modernidade*. Rio de Janeiro: DP&A, 1998.

HENRIQUES, R. *Texto para discussão n. 807: desigualdade racial no Brasil: evolução das condições de vida na década de 90*. BRASIL. IPEA, 2001.

LEITE, L. H. A. Os professores indígenas chegam à universidade: desafios para a construção de uma educação intercultural. In: DINIZ, J. E.; PEREIRA, G. L. (Org.). *Quando a diversidade interroga a formação docente*. Belo Horizonte: Autêntica, 2008.

MUNANGA, K. (Org.). *Superando o racismo na escola*. Brasília: MEC/SECAD, 2005.

MUNANGA, K.; GOMES, N. L. *Para entender o negro no Brasil de hoje: história, realidades, problemas e caminhos*. São Paulo: Global; Ação Educativa Assessoria, Pesquisa e Informação, 2004.

MUNANGA, K. Políticas de ação afirmativa em benefício da população negra no Brasil; um ponto de vista em defesa de cotas. In: SILVA, P. B. G.; SILVÉRIO, V. R. *Educação e ações afirmativas: entre a injustiça simbólica e a injustiça econômica*. Brasília, INEP, ,2003. p. 115- 129.

PAOLI, M. C.; TELLES, V. S. Direitos sociais; conflitos e negociações no Brasil contemporâneo. In: ALVAREZ, S. E.; DAGNINO, E.; ESCOBAR, A. (Org.). *Cultura e política nos movimentos sociais latino-americanos: novas leituras*. Belo Horizonte: Ed. UFMG, 2000. p. 103-148.

PIOVESAN, F. Ações afirmativas da perspectiva dos direitos humanos. *Cadernos de pesquisa*, n. 1, 2005, v. 35 p. 43-55.

SADER, E. *Quando novos personagens entraram em cena: experiências, falas e lutas dos trabalhadores da Grande São Paulo, 1970-1980*. São Paulo: Brasiliense, 1988.

SANT'ANA, A. O. História e conceitos básicos sobre o racismo e seus derivados. In: MUNANGA, K. (Org.). *Superando o racismo na escola*. Brasília: MEC/SECAD, 2005.

SANTOS, B. S.. *Reconhecer para libertar: os caminhos do cosmopolitanismo multicultural*. Rio de Janeiro: Civilização Brasileira, 2003.